Die bunte Brücke

Die bunte Brücke

Reime, Rätsel und Gedichte
von Georg Bydlinski

Bilder von Winfried Opgenoorth

Herder
Freiburg · Basel · Wien

© Herder & Co., Wien 1992
Alle Rechte vorbehalten / Printed in Austria
Umschlag und Innenillustrationen: Winfried Opgenoorth
Satz: Peter Kautzner, Satz- und Druckservice, A-1100 Wien
ISBN 3-210-25012-X

Inhalt

Die bunte Brücke	7
Der grasgrüne Drache	33
Was ich sehe, wenn ich gehe	47
Leuchtkäferfest	75
Wer sitzt wo bei Regenwetter?	85
Ich wünsch mir einen Fahrradweg	113
Schneckenpostamt	135
Machen wir Frieden	149
Wer weiß die Antwort?	163
Nachwort	174
Worterklärungen	178
Verzeichnis der Gedichte	179

Die bunte Brücke

Guten Tag

Guten Tag,
guten Tag,
guten Tag.

Warum so oft?

Weil ich dich mag!

Mit dem Malkasten

Ich nehme einen Pinsel
und zeichne eine Insel.
Ich nehme einen zweiten Pinsel
und zeichne eine zweite Insel.

Eine Insel ist grün,
die andere rot.
Jetzt werde ich ein paar Farben mischen —
ich mal' eine bunte Brücke dazwischen!

Der Ball

Im grünen Gras ein roter Ball,
wer hat ihn da verloren?
Er liegt ganz reglos und allein
zwischen den Fußballtoren.

Ein roter Ball im grünen Gras.
Da kommt der Max gelaufen!
Er war nur fünf Minuten fort,
um sich ein Eis zu kaufen.

Im grünen Gras der rote Ball,
jetzt darf er wieder rollen.
Ich seh die zwei — den Max und ihn —
über die Wiese tollen.

Das Sandkistenland

Ich greife in den Sandkistensand
und erfinde mir ein Land.
Ein Land mit Riesen und Zwergen,
ein Land mit Tälern und Bergen
und einem kleinen See dazu,
dort trinkt eine Plastikkuh.
Neben einem Zapfen-Baum
grast ein Schimmel ohne Zaum.
Auf meinen dreizehn Straßen
dürfen die Autos nicht rasen.
Auf meinen sieben Brücken
sitzen Marienkäfer und Mücken.
Mit den Fingern meiner Hand
zieh ich die Furchen im Ackerland.
Aus Ästchen steck ich einen Zaun.
Morgen werd ich weiterbaun.
Dann hol ich mir den kleinen Spaten
und grab ein Meer für die Piraten
und füll es mit dem Eimer an,
damit ein Schiff drin schwimmen kann.

Die Puppe

Klara, meine sprechende Puppe,
ißt am liebsten Buchstabensuppe.
Ich stelle ihr den Teller hin,
das ganze ABC darin.

Bald geht die Klara in die Schule,
lernt schreiben, was sie sprechen kann.
Und kommt sie mittags hungrig heim,
was glaubst du, koche ich ihr dann?

Klara, meine sprechende Puppe,
ißt am liebsten Buchstabensuppe.

Aufräumen

Wo ist die Feuerwehr?
— Unter dem Bett.

Wo ist der Kasperl?
— Auf dem Klosett.

Wo sind die Bausteine?
— Im Wäscheschrank.

Wo ist das Würfelspiel?
— Auf der Gartenbank.

Wo ist der Stoffelefant?
— Sitzt im Fernsehsessel.

Wo sind die Tierbilder?
— Im grünen Küchenkessel.

Wo sind die Badesandalen?
— Die liegen auf dem Mist.
Warum soll ich aufräumen, Mama?
Ich weiß doch eh, wo alles ist!

Jeden Abend dasselbe

Mein Kasperl und mein Teddybär,
die wolln nicht schlafen gehn.
Sie tolln im Zimmer hin und her
und zählen „eins, drei, zehn".

Dann springen beide auf mein Bett
und spielen Tierkinder-Quartett.
Dann hüpfen sie wieder herunter
und sagen: „Sind wir munter!"

Dann baun sie einen Legoturm
aus lauter roten Steinen.
Der Turm ist dünner als ein Wurm,
er wackelt, will mir scheinen.

Dann sagt der Bär zum Kasperl: „Komm,
wir spielen Autorennen."
Schon bauen sie ein Autodrom,
das kann ich gut erkennen.

Dann wollen sie noch etwas essen
und einen Liter trinken.

Dann fangen sie an auszumessen,
und ihre Augen blinken.

„Wir baun ein Pappendeckelhaus",
sagt Kasperl stolz zum Bären.
„Das sieht ganz wie ein echtes aus!"
Sie holen ihre Scheren.

Dann schnipseln sie und schneiden
aus einem alten Pappkarton
Fenster und Türen. Den Balkon
müssen sie noch verkleiden.

„Das Haus ist fertig!" ruft der Bär.
„Das wollen wir jetzt feiern."
Der Kasperl schreit: „Hol den Likör!
Her mit den Ostereiern!!"

Dann sitzen beide drin im Haus
und singen Wanderlieder.
Dann tanzen sie zur Tür heraus
und wippen auf und nieder.

Der Kasperl fragt: „He, alter Bär,
was könnten wir jetzt machen?"

Der Bär sagt: „Klettern, kreuz und quer,
und tausend andre Sachen!"

Die Mama, die das alles sieht,
schaut leicht verärgert drein.
Sie sagt ganz ruhig: „Ins Bett hinein!"
Jetzt werd ich langsam selber müd.

Liebe Mama

Ich mag's nicht,
wenn ich was aufsagen muß.
Mein Gedicht
ist ein *Kuß*.

Muttertagsstrophen

Zum Muttertag, zum Muttertag
sag ich dir, daß ich dich mag.

Es duftet nach Flieder
und frischem Gras,
und immer wieder
verrat ich dir das:

Zum Muttertag, zum Muttertag
sag ich dir, daß ich dich mag.

Die Blume braucht Wasser,
der Baum braucht das Licht,
der Mensch, der braucht Menschen,
sonst freut es ihn nicht.

Zum Muttertag, zum Muttertag
sag ich dir, daß ich dich mag,
sag ich dir, daß ich dich brauch.
Und den Papa auch!

Die Bitte

Zuckerguß und Mandelkern,
back mir einen Weihnachtsstern,

den ich mitten ins Gepränge
an den hohen Christbaum hänge,

zu bestaunen nicht vergesse
und im neuen Jahr dann esse.

Der Wettlauf

Wer dem Januar
auf den Fersen war?
Eine ganze Schar:
Februar,
März,
April,
Mai,
Juni,
Juli,
August,
September,
Oktober,
November,
Dezember.
Gewonnen hat der Januar –
und nun viel Glück im neuen Jahr!

Im Nilpferdkindergarten

Im Nilpferdkindergarten
stehen die Kinder im Kreis,
gehen die Kinder im Kreis,
laufen die Kinder im Kreis,
sie bilden eine Kette
und stampfen um die Wette.

Dann sind sie wieder leis
und gehn auf Zehenspitzen
zu ihren Nilpferdsitzen.

Auszählreime

1

Wer hat das Bilderbuch zerrissen?
Wer hat den Kuchen angebissen?
Gib es zu:
Das warst *du!*

2

Die kleinste Maus
zählt heute aus:
Speck und Käse –
du bist raus!

3

Wenn die Seifen nicht mehr schäumen,
wachsen Zwiebeln auf den Bäumen.
Pflückst du sie für mich im Nu?
Was, du willst nicht? Dann mach's *du!*

Küchenkonzert
für Friedl Hofbauer

Klopf
ganz leise auf den Topf.
Mit dem Löffel macht's klack,
mit der Schneerute kling.
Klopf ganz leise — und dann sing:

„Klopf, klopf, klopf,
ich klopfe auf den Topf,
ich klopfe auf den Küchentopf,
ich habe einen roten* Schopf,
kling, kling, kling,
und ich sing!

Klack, klack, klack,
ich klopf den ganzen Tag,
ich klopf den ganzen Vormittag,
weil ich am Nachmittag nicht mag,
kling, kling, kling,
und ich sing!

* blonden, braunen, schwarzen

Kling, kling, kling,
was ist das für ein Ding?
Das ist ein alter Küchentopf,
vor dem ich sitz, auf dem ich klopf,
klack, klack, klang,
dazu mach ich Gesang!"

Klopf
ganz leise auf den Topf.
Mit dem Löffel macht's klack,
mit der Schneerute kling.
Klopf ganz leise – und dann sing!

Sommersturm

Im Badezimmer pfeift der Wind,
er tobt durchs Lüftungsgitter,
als wär er ein Gewitter.

Ich sitze in der Wanne drin
mit naßgeschäumtem Haar
und steuere mein Segelboot
durch jede Sturmgefahr.

Vor dem Spiegel

Mein Spiegelbild, mein Spiegelbild
ist manchmal zahm und manchmal wild,

schneidet Grimassen wie ein Clown,
um gleich darauf ganz leer zu schaun,

blickt rätselhaft wie eine Sphinx
und verwechselt rechts und links.

Wenn Mama ins Büro geht

Wenn Mama ins Büro geht
und Papa bleibt zu Haus,
dann schaun die Leute komisch
und kennen sich nicht aus.

Sie tuscheln und sie wispern:
Was ist das für ein Mann?
Ist er so faul oder so krank,
daß er nicht arbeiten gehen kann?

Der Papa lacht darüber nur,
ist nicht mehr ärgerlich.
Am Anfang hat es ihn gewurmt,
das hat er hinter sich.

Daß er bei mir zu Hause bleibt,
haben wir so besprochen.
Ich bin ja jetzt schon ziemlich groß
und helfe ihm beim Kochen.

Dann essen wir und waschen ab,
versuchen aufzuräumen.

Der Papa liest mir etwas vor,
wir spielen und wir träumen.

Am Nachmittag gehn wir hinaus,
mit meinen Sandspielsachen.
Manche Mütter schaun erstaunt,
wenn wir Schlammkuchen machen.

Und kommt die Mama abends heim,
haben wir viel Spaß.
Der Papa macht die Leute nach
und murmelt dies und das.

Dann sagt die Mama: „Seid mal still
und hört auf meinen Magen!"
Da beginnen wir geschwind,
das Essen aufzutragen.

Wir sitzen um den runden Tisch,
sind hungrig wie drei Raben
und essen Käse, Speck und Brot —
vergnügt, daß wir uns haben.

Zaubersprüche für eine Zwiderwurzen

Hokus pokus Muskatnuß,
Eulenschrei und Ofenruß,
Klettenstrauch und Warzenschwein,
schau doch nicht so grantig drein!

Hokus pokus Zuckerguß,
Grottenbahn und Autobus,
Kinderroller, Teddybär,
ist das Lustigsein so schwer?

Hokus pokus Hasenfuß,
Bärendreck und Apfelmus,
alle guten Geister, macht,
daß die Sonja endlich lacht!

Ausreden in der Schule

Anna:

Frau Lehrerin, ich kann nichts dafür.
Es war verflixt – glauben Sie mir:
Mein Wecker hat verschlafen!
Ich werde ihn bestrafen.

Paul:

Beim Warten auf die Straßenbahn
biß mich ein wilder Löwenzahn.
Das hat vielleicht wehgetan!
Deshalb bin ich später dran.

Ida:

An der Haltestelle vom Bus
trat mir ein Hydrant auf den Fuß.
Der Knöchel ist gleich angeschwollen.
Wie hätt' ich schneller gehen sollen?

Peter:

Im Stadtpark flog mir ein Geier ins Ohr
und riß mich 20 Meter empor,
so daß ich beide Schuhe verlor.
Ich verspreche, es kommt nicht mehr vor!

Lehrerin:

Liebe Kinder, ich glaub euch zwar nicht.
Aber nun zum Sachunterricht.
Wer kann mir sagen: Wie groß und wie schwer
ist ein aufgebundener Bär?

Sachunterricht

Ein Rauchfangkehrer ist schwarz wie die Nacht?
Ich hätte eigentlich eher gedacht,
die Nacht ist schwarz wie ein Rauchfangkehrer.
Was stimmt jetzt? Frag deinen Lehrer!

Ein Kind singt auf dem Schulweg:

Wenn die Pferde auf den Blüten
sitzen und dort Eier brüten,
wenn vor lauter dicken Dackeln
alle Pflastersteine wackeln,
wenn der Pfarrer, ganz erledigt,
in der Badehose predigt,
wenn an heißen Wintertagen
Purzelbäume Äpfel tragen,
wenn Frau Schmidt das Meer verschluckt
und ins Goldfischgläschen spuckt,
wenn es einen Schneefrosch gibt,
eine Maus, die Katzen liebt,
einen Lift im Schneckenhaus –
dann erst fällt die Schule aus!

Der grasgrüne Drache

Der grasgrüne Drache

Ich sitze vor der Drachenhöhle.
Was werd ich da wohl machen?
Ich wart auf meinen besten Freund,
den grasgrünen Drachen.

Ich will mit ihm Kartoffeln braten
und singen, tanzen, lachen.
Nicht jeder hat's so gut wie ich
mit meinem grasgrünen Drachen.

Heut schnaubt er mir ein Feuerwerk
aus seinem großen Rachen.
Und bin ich müde und schlaf ein,
so wird er mich bewachen.

Schau ihn nur an, da kommt er schon!
Warum läufst du davon?

Märchen

Splosch!
Eine Prinzessin
küßte einen Frosch.
Da wurde er sogleich
ein Jüngling, schön und reich.
Der Jüngling fand sich selbst so schön,
er wollte sich immer im Spiegel ansehn.
Sie küßte ihn noch einmal.
Splosch!
Da wurde er wieder
ein Frosch.

Der habgierige König

Ein König kaufte einen Kochtopf aus Gold.
Alles, was er darin kochte, wurde zu Gold.
Wer von dem Essen aß, der wurde zu Gold.
Auch der König wurde zu Gold.

Da hat ihn der Goldschmied geholt.

Der edelmütige Thron

Es war einmal ein Königssohn,
der hatte einen Königsthron.
Der Königssohn war jung und hold,
der Thron, der war aus purem Gold.

Doch eines Tages ist der Thron
einfach davongerollt …

Er rollte bis zum Zahnarzthaus
und klingelte den Arzt heraus
und rief ihm zu: „Ich schenk mich dir!
Mach Plomben draus!"

Vom Nachtwächter im Königspalast

Eines Nachts schrie ein Gespenst
und rasselte mit Ketten.
Der Nachtwächter erschrak und lief
gleich zu den Schmuckkassetten.

Er öffnete die erste schnell,
die mit dem Schmuck der Königin.
Da leuchtete es plötzlich hell —
ein feuerroter Geist saß drin!

Nun machte er die zweite auf.
Wo sonst die Ringe lagen,
saß ein zotteliger Geist
und zupfte ihn am Kragen.

Er hob den Deckel von der dritten,
da kam ein Pferd herausgeritten,
ein Pferd aus lauter Knochen,
es hat auch schlecht gerochen.

Die vierte Schatulle war die größte.
Als er ihren goldenen Deckel löste,

tollten siebzig Gespenster heraus
und verteilten sich im Haus.

Was tat der Nachtwächter sodann,
erschreckt von ihnen allen?
Er seufzte, dann entschied er sich:
Ich werd in Ohnmacht fallen!

Zwerg und Riese

„In der Kürze
liegt die Würze",
sagte der Zwerg
und schlüpfte durch ein Loch
im Berg.

„Was du kannst,
kann ich immer noch!"
rief der Riese laut.
Dann hat er sich kräftig
den Kopf angehaut.
Au!

Das Märchen vom Karfunkelstein

Es lebte ein Karfunkelstein,
der war karfunkelig allein.

„Wenn ich nur eine Steinin hätte",
seufzte der Karfunkelstein,
„dann wär ich nicht mehr so allein!
Ich ginge nachts mit ihr zu Bette,
wir stünden morgens beide auf
und machten einen Fitneßlauf.
Dann tränken wir gemeinsam Tee
und äßen Weißbrot, weiß wie Schnee,
mit Honig drauf und Marmelade.
Wenn ich nur eine kleine nette,
wenn ich nur eine Steinin hätte!"

Wer dieses liest, weiß, was ich meine:
Es gibt auf unsrer schönen Welt
sehr einsame Karfunkelsteine ...

Die frierende Maus

Es lebte eine Maus im Wald,
der war sogar im Sommer kalt —
auch wenn sie sich im Mauseloch
in ihrem warmen Bett verkroch.

Sie ging zum Doktor, klopfte an
und kam nach langem Warten dran.
„Ich glaub, ich hab die Friererei.
Hast du für mich eine Arznei?"

Der Doktor sah das Mäuslein an.
„Nein, daß man so stark zittern kann!
Daß jemand wie ein Pudding bebt,
das habe ich noch nie erlebt!"

Er nahm ein dickes altes Buch,
staubte es ab mit einem Tuch
und las darin von A bis E.
Dann kochte er ihr Elchwurztee.

Ob das der Maus geholfen hat?
Wer weiß!
Heut früh traf ich sie in der Stadt,
sie schleckte ein Zitroneneis.

Was die Naschkatze sich wünscht

Aufwachen in einem Wald
aus lauter langen
Zuckerstangen.

Dann einen Ausflug
ins Schlaraffenland.

Und einschlafen
in einer Hängematte
aus Zuckerwatte.

Der kleine Zahnwehbär

Es war ein kleiner Zahnwehbär,
der jammerte und weinte sehr.
„Oje", rief er, „oje,
mein Zahn tut mir so weh!"

Sein Jammern und Geheule
weckte die alte Eule.
„Du mußt zum Zahnarzt, armes Tier",
sagte die Eule. „Komm mit mir."

Der Arzt hat ihn gleich drangenommen.
Der Bär ist fröhlich heimgekommen:
„Ab jetzt bin ich ein Zahnputzbär —
und Zahnweh krieg ich keines mehr!"

Der sprechende Hund

Man sagt:
Bellende Hunde beißen nicht.
Doch gilt das auch für einen Hund,
der spricht?

Der Hund ist nicht besonders klein.
Er spricht ganz ruhig auf mich ein.

Was ich nur von ihm halten soll!
Jetzt hechelt er und keucht wie toll
aus tiefster Hundelunge
und öffnet weit sein großes Maul –

und schleckt mich mit der Zunge!

Der arme Besitzer

Es war einmal ein Besitzer,
der fast nichts mehr besaß —
nur ein Blatt, einen Blei, einen Spitzer
und einen Busch im Gras.
Er saß in dessen Schatten,
spitzte den Bleistift an,
beobachtete Käfer
und machte sich daran,
sie auf sein Blatt zu zeichnen,
dazu das Gras, den Strauch,
zwei zarte Schmetterlinge
und einen Heuschreck auch.
Dann kam eine Libelle,
die malte er dazu,
und weil er grad dran dachte,
auch noch ein Känguruh.
Das trug in seinem Beutel
ein Baby-Krokodil,
drei große Sonnenblumen
und ein Mikadospiel.

Jetzt, dachte der Besitzer,
besitz ich wieder viel!

Was ich sehe, wenn ich gehe

Sonnenaufgang

Die Sonne belichtet den Morgen.
Die Berge sind deutlich und nah.
Der Himmel hielt Bläue verborgen,
und plötzlich, im Licht, ist sie da!

Der Wind streicht mir über die Wangen,
noch kühl, aber gar nicht mehr kalt.
Die Nacht ist zu Ende gegangen.
Die Blumen öffnen sich bald.

Die Sonne belichtet den Morgen.
Er ist so, wie ich ihn mag.
Viel seh ich, und viel bleibt verborgen.
Mein Kopf macht ein Foto vom Tag.

Was ich sehe, wenn ich gehe

Auf dem Acker frischgepflügte Erde.
Am Himmel Wolkenpferde.
Zitternde Gräserspitzen.
Blüten in Mauerritzen.
Zwei Schmetterlinge, gelb und weiß.
Ein Kind mit einem Eis.
Eine alte Frau mit einem Buch.
Auf einer Wäscheleine ein einzelnes Taschentuch.
Eine Katze im sonnigen Gras.
Lichtsignale auf Fensterglas.
Ein Auto, das ich nicht kenne.
Eine Henne.
Einen Hahn.
Eine Wiese voll Löwenzahn.
Ein Spinnennetz ohne Spinne.
Eine verrostete Regenrinne.

Hinter der Wegbiegung liegt unser Haus.
Mein Spaziergang ist aus.

Tiere

Die Ente im Teich,
ist sie arm oder reich?
Im Tümpel die Kröte,
was hat sie für Nöte?
Oder hat sie keine?
Was fühlt ein Hund an der Leine?
Was sieht das Eichhörnchen im Traum?
Was denkt die Amsel auf dem Baum?
Wie ist das mit den Grillen —
sind sie fröhlich, wenn sie schrillen?
Kann mir wer die Antwort sagen?
So viele Tiere, so viele Fragen.

Die Trauerweide

Die Trauerweide läßt die Äste hängen —
aber nicht, weil sie traurig ist.
Die Trauerweide *ist* einfach so,
und vielleicht ist sie grade jetzt froh!

Frühlingslärm

Die Mähmaschine mäht sehr laut
das Gras, die Blumen und das Kraut.
Ich würde lieber sehn,
sie ließe Kraut und Gras und Blumen stehn!

Die Schnecke auf dem Grashalm

Das Gras wiegt sich im Wind.
Die Schnecke träumt vom Meer
und daß sie Kapitän
auf einem Dampfer wär.
Das Gras wiegt sich im Wind.
Es träumt der Schneck,
er wär an Deck
von einem Segelschiff.
Das Gras wiegt sich im Wind.
Die Schnecke träumt
von einem kleinen Ruderboot
und hohen Wellen, großer Not.
Das Gras wiegt sich im Wind.
Eine Libelle schwirrt,
während die Schnecke
seekrank wird.

Mahlzeit

Schwarze Federn, gelber Schnabel —
die Amsel ißt nicht mit Messer und Gabel.
Sie pickt sich Würmer aus dem Boden,
um sie zu verspeisen,
worauf die Würmer in den Magen
der schwarzen Amsel reisen.

Wolkengedicht

Die Wolke dort oben
hat Wasser im Bauch.
Glaubst du, sie regnet,
wenn man sie sticht?
Oder es kitzelt sie nur,
und sie regnet nicht?

Ende vom Wolkengedicht.

Apriltag

So ein warmes, schönes Wetter,
und die Apfelbäume blühn.
Auch die Birke hat schon Blätter,
und das Gras ist nicht nur grün –
Gänseblümchen, Löwenzahn
malen es mit Farben an.

Heute gehe ich zum Fluß,
lasse Kieselsteine springen.
Heute üb' ich mit Genuß,
alte Lieder neu zu singen.
Ich erfinde einen Gruß:
„Bis zum nächsten Regenguß!"

Der Fund

Auf einem Weg liegt ein Schneckenhaus.
Es ist leer, sieht zumindest so aus.
Plötzlich schieben sich Fühler heraus.
Ja, dann laß ich's liegen! denkt Klaus.

Das Krötenlied

Abends im Sumpf spielt die Kröte
auf ihrer Lieblingsflöte.
Sie spielt für ihren Krötensohn.
Die Flöte gibt nur einen einzigen Ton:
qua — qua — qua —

Die Krötenstraße

Auf dem sonnenwarmen Asphalt
hocken Kröten, abends beim Wald.
Sie haben die Wanderung unterbrochen
und sind auf die warme Fahrbahn gekrochen.
Jetzt sitzen sie da und starren uns an.
Ich bremse, was ich bremsen kann.

Und dann?

Dann steigen wir aus und heben sie auf
und tragen sie die Böschung hinauf.
Die Kröten sind warzig und weich.
Ganz in der Nähe ist ihr Teich,
bald werden sie zu Hause sein.
„Alle gerettet! Steigt wieder ein!"

Das dicke Pony

Das Pony ist mehr dick als lang.
War's nicht vor kurzer Zeit noch schlank?

Es müht sich sehr beim Gehen.
Sag, kannst du das verstehen?

Vor kurzem sprang es noch durchs Gras,
war ausgelassen — und nun das ...

Sag, sollen wir den Tierarzt holen?
„Bald — denn das Pony kriegt ein Fohlen!"

Der Wind

Heut bläst er von Westen.
Der Hut fliegt vom Kopf.
Er knackt in den Ästen,
er beutelt den Zopf.

Er kitzelt die Dächer,
zerrüttelt den Rauch,
wirft Erde in Löcher,
reißt Blätter vom Strauch.

Er packt eine Zeitung,
schon ist sie verweht.
Er ist die Begleitung,
wohin man auch geht.

Und stark wie ein Ringer.
Der Westwind kennt Spiele!
Das Gras in der Wiese kriegt Finger,
ganz viele.

Wind

Wie sich die Äste biegen!
Wie deine Haare fliegen!
Wie das Gras vor sich selber davonrennt!

Der Wind selbst ist unsichtbar —
und doch seh ich genau,
wo er grade noch war!

Kleines Froschlied

Grüner Frosch, du hüpfst so weit.
Komm, jetzt hüpfen wir zu zweit!

Grüner Frosch, quak mir was vor!
Und dann quaken wir im Chor:
Quakquak, quakquak, quakquak!

Nachdenken über die Welt

Im Baum singt eine Amsel, ganz oben.
Sie singt so schön!
Wen will sie loben?

Im Bach der schnelle Fisch,
er kommt von irgendwo.
Sag, für wen glänzt er so?

Im Gras kriecht eine kleine Schnecke
einen steilen Halm hinan.
Wer gab ihr's, daß sie's kann?

Ja, wer?
Wo kommt das alles her?

Und noch eine Frage, andersherum:
Wie gehn wir Menschen damit um?

Gerade war er noch da

Kleiner Käfer, laß dich finden,
ich hab ein frisches Blatt für dich!
Warum mußt du gleich verschwinden?
Hab keine Angst! Das bin nur ich!

Hundegedicht

Ein Hund wälzt sich im Gras.
Sag, warum macht er das?
Er wälzt sich hin und her.
Man sieht, es ist ein Er.

Warum der Hund sich wälzt?
Er wälzt sich halt — na und?
Wenn du's genauer wissen möchtest,
dann frag nicht mich.
Frag einen Hund!

Die zwei Pfauen

In den Donau-Auen
traf ich einmal zwei Pfauen.
Der eine saß ganz still und stad,
der andre schlug ein Rad.

Da merkte ich's genau:
Der stille war die Frau.
Und der mit dem Rad, der Mann,
gab vor ihr an!

Sommer

In einer Wiese gehn,
sie anschaun und verstummen:
Die Blumen leuchten schön,
die Bienen summen,
Käfer krabbeln im Gras,
Ameisen schleppen dies und das,
eine pelzige Hummel
fliegt mit Gebrummel
über die Gräser dahin.
Ganz weiß und leise
geht ein Schmetterling
auf die Reise …

Hoffentlich bleibt diese Wiese
noch viele, viele Jahre so!

Sommertag

Ackerwinden und Schafgarben blühn.
Mohnblumen leuchten rot aus dem Feld.
Ritterspornblau. Gras, saftig grün.
Der Feldrand ist bunt, eine eigene Welt.

Ich geh durch die Wiese zum Gartenzaun hin
und schau, welche Pflanzen dort wohnen.
Ich seh eine Frau im Schnittlauchbeet knien.
Ins Himmelsblau klettern die Bohnen.

Das Rapsfeld

Der Raps auf dem Feld
blüht postkastengelb.
Oder sind Postkästen gelber?

Geh zum Rapsfeld,
schau es an
und entscheide selber!

Wetterbericht

Gleich wird es regnen, sagt mir der Himmel.
Gleich wird es regnen, sagt mir der Sturm.
Aus dem dunklen Wolkengewimmel
leuchtet ein Blitz auf, über dem Turm.

Die ersten Tropfen fallen zur Erde.
Die ersten Tropfen, vereinzelt und schwer.
Dann prasselt's los. Es ist mir, als werde
mit einem Schlag die Wolkenwand leer.

Bald ist's vorüber, es war nur ein Schauer.
Bald ist's vorüber, es legt sich der Wind.
Über den Regenguß freut sich der Bauer,
weil seine Wiesen jetzt saftiger sind.

Allee im Herbst

Die Bäume senden Luftpostbriefe.
Langsam schweben sie zu Boden.
Wer sie sieht, versteht die Botschaft:
Winter kommt bald.

Herbst

Die schwarzen Krähen krächzen,
die kahlen Äste ächzen
im Wind.

Ich sehe einen Drachen,
ich hör ein Kinderlachen
im Wind.

Krähen im Wind

Sie sitzen auf dem dünnsten Ast
und wippen hin und her.
Wenn der Wind noch stärker bläst,
wippen sie noch mehr.

Sie sitzen auf dem höchsten Baum
und brauchen keine Leiter.
Und wenn sie wollen, fliegen sie
zum nächsten Wipfel weiter.

Der Wind ist ihr Begleiter.

Winteranfang

Der erste Schnee fällt auf das Haus,
ich schau beim Küchenfenster raus.
Der Schnee verziert den schwarzen Zaun.
Bald werd ich einen Schneemann baun!

Im Advent

Es schneit ganz leise,
leise,
leis.

Nach und nach
wird alles weiß.

Bald gibt's keine
Wege mehr.

Die Landschaft,
die bunt war,
wird weiß und wie leer.

Mit einem Meisenring

Wohin die Meisen
im Winter reisen?

Nirgendwohin —
sie bleiben da.

Wir wollen ihnen Futter bringen,
damit sie dann im Frühling singen!

Leuchtkäferfest

Kleiner Bruder, großer Bruder

Am Vormittag
ist er ein kleiner dunkler Fleck.

Zu Mittag
ist er weg.

Am Nachmittag
wird er länger und lang —

fast wird mir bang
vor meinem eignen *Schatten!*

Gute Nacht

Die Sonne geht unter.
Du sagst, du bist noch munter?
Das glaub ich nicht!
Stell dich vor den Spiegel,
schau dir ins Gesicht!
Siehst du, wie du gähnst?
Deine Augen sind schon klein.
Fall ins Bett hinein
— plumps —
und träum.

Schlaflied

Schläfst du nicht ein, zähl Schafe!
Willst du nicht zählen, schlafe!

Mit geschlossenen Augen

Manchmal am Abend denk ich mir,
mein Bettvorleger ist ein Tier —
ein Tier, auf dem ich reiten kann!
Ich reite nach Belutschistan,
zum Nordpol und noch weiter.
Ich bin ein wilder Reiter,
ich bin ein Großwildheger
auf einem Bettvorleger!
Vor mir schreckt sich kein Elefant,
ich bin in Urwald und Steppe bekannt,
ich komme die Löwen besuchen
und bringe ihnen Hundekuchen.
Genug für heut in Afrika —
jetzt reit ich übers Meer!

Mach ich die Augen wieder auf,
so liegt mein Bettvorleger da,
als ob nichts gewesen wär ...

Abendlied der Bärenmutter

Komm, kleiner Bär,
komm zu mir,
leg dich her,
kuschle dich schnell
an mein Fell,
werd schwer
wie ein Stein —
und schlaf
endlich ein!

Winterschlaflied

Setzt du dich auf deinen Hintern,
kannst du besser überwintern.
Setzt du dich auf den Popo,
geht es aber ebenso.
Brumm!

Wovon die Dinge abends träumen

Der Abfallkübel träumt,
er wär ein goldner Becher.
Das alte Haustor träumt,
es wäre Fernsehsprecher.
Die Badehose träumt,
sie könnt alleine schwimmen.
Martinas Buntstift träumt,
er male Vogelstimmen.

Vollmond

Der Mond heut nacht ist hell und groß.
Er treibt durchs Dunkel wie ein Floß.

So lautlos schwimmt er durch die Nacht,
die Wolken wiegen ihn ganz sacht.

Er gibt Signal mit seinem Schein
und sagt im Traum zu mir: Steig ein!

Wußtest du's schon?

Am zwölften April,
jedes Jahr, in der Nacht,
tanzen die Betten.
Erst tanzen sie sacht,
um keinen zu wecken,
kein Kind zu erschrecken,
dann tanzen sie schneller,
verwegener, wilder,
da träumen die Menschen
ganz komische Bilder:

Sie glauben – im Traum –,
sie sind ein Apfel
auf einem Baum,
an dem jemand rüttelt,
den jemand schüttelt –

Oder sie träumen
von einem Fischerboot,
von Wind und Wellengang bedroht,
es schaukelt und schlingert
und sie sitzen drinnen,

und die Wellen beginnen
ins Boot zu rinnen —

Ein Kind hat von einem
Sprungbrett geträumt,
es sprang höher und höher,
ganz ungewohnt,
bis
zum
Mond —

Am zwölften April
in der Nacht um halb zwei
ist der Spuk
dann wieder vorbei.

Nachts beim offenen Fenster

Ich ahne vieles, was ich nicht seh:
Am Rand des Waldes steht ein Reh –
Die Vögel schlafen im Geäst,
Leuchtkäfer feiern Sommerfest
auf meiner Wiese –

Die Steine werden kühl und schwer,
ruhn von der Tageshitze aus –
Der Himmel ist ein dunkles Meer,
als Leuchtturm glänzt der Mond heraus –

Ich wünsch mir viele Sommernächte,
so schön wie diese.

Wer sitzt wo
bei Regenwetter?

Wer sitzt wo bei Regenwetter?

Der Eichelhäher
auf dem Rasenmäher,
der Elefant
auf dem Tellerrand,
der Kolibri
auf meinem Knie,
die Wasserratte
auf der Badematte,
der Jaguar
an der Bar,
die Riesenspinne
unter der Regenrinne,
die Klapperschlange
auf der Vorhangstange,
die Katze
auf der Luftmatratze,
das Gnu
im linken Fußballschuh.

Da sitzen sie alle
mit saurem Gesicht
und warten auf den Wetterbericht.

Nanu!

Ich stand vor der roten Fußgängerampel,
da hörte ich Elefantengetrampel.
Der Wanderzirkus ist gekommen!
Die Seehunde sind auf der Straße geschwommen,
der Zauberer ist geflogen,
die Affen haben die Musikanten
auf Rollbrettern hinter sich hergezogen.
Der Clown hat ein dickes Nilpferd getragen.
Das alles war sehr wundersam.
Ganz am Schluß fuhr ein Lautsprecherwagen,
aus dem Elefantengetrampel kam.
Und der Direktor sagte zu mir:
„Komm doch zur Vorstellung nachts um halb vier!"

Heute und morgen

Heute sind alle Häuser schief.
Heute schreibt das Denkmal einen Brief.
Heute wächst die Nasenwurzel aus.
Heute flieht die Katze vor der Maus.
Heute schrecken sich alle Gespenster.
Heute haben Schneckenhäuser Fenster.
Heute gibt's beim Lehrer Gratis-Eis.
Heute zählt das Faulsein mehr als Fleiß.

Und morgen?

Morgen lernen wir wieder wie immer.
Es gibt kein Eis im Klassenzimmer.
Die Schneckenhäuser sind fensterlos.
Die Straßen sind gespensterlos.
Vor der Katze flüchtet die Maus.
Die Nasen sehen wie Nasen aus.
Der Denkmalmann bewegt keine Hand.
Sein Brief ist längst in Niemandsland.
Alle Häuser stehen gerade.
Schade!

Der Weltraumfahrer Willibald

Der Weltraumfahrer Willibald,
der ist nicht jung, der ist nicht alt,
dem ist nie heiß, dem wird nie kalt,
dem Weltraumfahrer Willibald.
Er ist stets unterwegs im All
und sucht Gesteine, Erz, Metall
auf Mond und Mars und überall.
Der Weltraumfahrer Willibald
ist nicht gesund und ist nicht krank,
wird niemals dick, bleibt immer schlank,
ihn stört kein Lärm und kein Gestank,
den Weltraumfahrer Willibald,
der nichts behält und nichts vergißt,
weil er ein — Blechroboter ist.

Tor!

Es war einmal ein Meteor,
der landete im Fußballtor.

Der Meteor fing sich im Netz.
Er fragte sich: Wo bin ich jetzt?

Da sprach der Schiedsrichter Franz Stull:
„Bei allen Monden – eins zu null!"

Der wilde Reiter

Ein besonders wilder Reiter
prahlte: „Ich spring übers Haus!"
Jetzt hängt er am Blitzableiter
und die Vögel zwitschern ihn aus.

Am 30. Februar mit eigenen Augen gesehn

Ein Rauchfangkehrer, weiß wie Schnee,
ritt auf einem Zeisig.
Er wackelte mit einem Zeh
und kaute Tannenreisig.
Da flog ein Elefant daher
mit grüngestreiften Flossen,
der hat mit einem Kirschenkern
dem weißen Rauchfangkehrerherrn
den Hut vom Kopf geschossen ...

Der Kehrer kaute weiter Reisig
und ritt davon auf seinem Zeisig.
Der Elefant (mit gelbem Rüssel)
benützt den Hut als Kirschkernschüssel.

Lügengeschichte

Auf der Autobahn
fuhr einmal ein Mann.
Er fuhr nicht mit dem Wagen —
er saß auf einem Pferd,
das war aus Holz, mit Rädern dran,
und fuhr so schnell man schauen kann.
Auf Knopfdruck hat's gebellt:
„Wauwau — schön ist die Welt!"

Dann sah ich es genau:
Der Mann war eine Frau!
Das Holzpferd mit den Rädern dran
war ein alter Pelikan,
der konnte kaum noch laufen.
Bei jedem Schritt hat er miaut:
ganz deutlich und schön laut!

Die Dinge reden

„Ich reime mich auf Zuckerbäcker",
sagt der alte Rasselwecker.

„Ich reime mich auf Nasenflügel",
sagt der linke Brillenbügel.

Es brummelt stolz die Tiefkühltruhe:
„Ich reime mich auf Stöckelschuhe."

Und die Standuhr sagt:
„Merkt ihr es nicht?
Wir sind ein Gedicht!"

Neue Berufe

Landstreichermeister
Zeitungsentenzüchter

Rotzglockengießer
Windhosenschneider

Parkbankbeamter
Autoschlangenbeschwörer

Ma(h)lzeit

Der Meistermaler Hans
malte eine Gans.
Die aß er dann bei Tisch
und schwärmte: „Malerisch!"

Abendlied

Der Mond hat heute Schlapfen an,
damit er leiser aufgehn kann.

Kurzkrimi

Im hellen Mondlicht lag der Ort.
Der   war schon längst fort.

                    Dieb

Kartenspielerweisheit

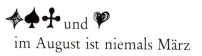
im August ist niemals März

Schneckentempo

Lang-
sam,
    ganz
        wie
            eine
                Schnecke,
        kroch
      die
    Schnecke
übers
    Feld,
        rastete,
            kroch eine Strecke,
                      rastete,
                  tastete
              sich
            durch
      ih-
    re
  .Welt

Zauberspruch am Sonntagabend

Hokus pokus Schneckenhaus,
heute ist die Woche aus.
Aber weil ich zaubern kann,
fängt sie morgen wieder an.

Spruch zum Schnellsprechen

Wenn die Katze
mit der Tatze
kratzt, zerplatzt
die Luftmatratze.

Zoo-Gedichte

Es sprach eines Tages im Zoo
ein Affe mit rotem Popo:
„Ich hab Rot zwar gern,
doch bleibt's nicht modern,
dann färb ich ihn grün oder so."

* * *

Ich kannte als Junge ein Lama,
das schleckte statt Butter nur Rama.
Es war stets gekämmt
und trug meist ein Hemd,
gestreift wie ein Zebra-Pyjama.

* * *

Ein Gürteltier, gestern geboren,
hat heut seinen Gürtel verloren.
„Jetzt bin ich – weh mir –
ja nur noch ein *Tier!*"
klagt es mit hängenden Ohren.

* * *

„Warum ich", so fragt mich ein Affe,
„die große Giraffe begaffe?
Ich such meinen Floh,
der macht irgendwo
Urlaub auf der Giraffe!"

Der Ameisenbär

Es war einmal ein Ameisenbär,
dem lief auf einer Reise
das A davon und kam nicht mehr.
Jetzt fürchtet ihn die Meise.

Der wasserscheue Bär

Ein Bär, der noch nie baden war,
kommt eines Tags nach Sansibar.
Dort fällt er in ein Wasserfaß
(er rutschte nämlich aus).

Jetzt guckt er aus dem Faß heraus
und brummt: „O Schreck!"
und brummt: „O Graus!"
und brummt im tiefsten Bären-Baß:
„Ist das naß!!!"

Waschtag

Was eine Unterhose denkt,
die an der Wäscheleine hängt?
„Ach, wär ich doch schon trocken!"
Das denken auch die Socken.

Der Elefant und der Bär

Es war ein Elefant,
der stand am Meeresstrand.
Dann kam auch noch ein Bär
daher.

„Guten Tag! Ich heiße Hans",
trompetete der Elefans.
„Freut mich sehr",
brummelte der Bär,
„mein Name ist Ulf-Dragomir,
und ich bin ein Bir."

„Fangen wir uns einen Wellenfloh!"
sagte der Elefant zum Boh.
„Mit der Hand? Mit dem Netz?"
fragte der Bär den Elefetz.
„Womit fangen wir ihn nur!"
sagte der Elefant zum Bur.
„Mit der Angel ist's zu schwer",
meinte der Bär.

Sie setzten sich in den Sand,
der Bär und der Elefant.
Sie dachten hin und dachten her,
der Elefant und der Bär.
„Weißt du einen Rat?"
fragte der Bär den Elefat.
„Hast du eine Idee?"
fragte der Elefant den Bee.
Beide schüttelten die Köpfe.
Beide schüttelten die Schöpfe.

Erst nach einer halben Stund'
sagte der Bär zum Elefund:
„Wie wär's mit einer Stierkampf-Lanze,
lieber Freund und Elefanze?"
Doch wie sehr die zwei auch suchten,
bei den Klippen, in den Buchten —
es war keine Lanze da.
Armer Ba!

Drum gingen sie nach Hause,
der Bär und der Elefeut,
und wenn sie nicht gestorben sind,
so leben sie noch heut.

Das Tierkonzert

Miuh! Miuh! Miuh!
Hier kommt die Katzenkuh.

Kakeraka! Ich bin der Hahn,
der eine fremde Sprache kann.

Krawau! Krawau! Krawau! So bellt
der kleinste Krähenhund der Welt.

I-a-quakquak! – Gefällt es dir?
Erfindest du jetzt selbst ein Tier?

Der Zwiebufant

Der Zwiebufant
wird so genannt,
weil er so gerne Zwiebeln frißt.

Er hält sie mit den Vorderbeinen
und fängt beim Fressen an zu weinen.

Wie weint er? Hör nur zu:
„Zwi-zwi, zwi-zwi, bu-bu …"

Für Reimdetektive

Ein Hase mit zwei langen Oh...
hatte einen Reim verlo...
Er zog durchs ganze Hasenl...,
bis er den Reim dann endlich f...
Jetzt kaut er fröhlich wilden Kü....
und übt sein Reimwort: „Mü...., mü...."

Auflösung Seite 171

....
....
....
....

(Hier fehlt noch was.
Was könnt das sein?
Denk dir's aus
und schreib's hinein!)

Kleine Wolkengeisterkunde

Weißt du, daß der Wolkengeist
gerne mit Raketen reist?
Weißt du, daß der Wolkengeist
Engeln in die Nase beißt?
Weißt du, daß dem Wolkengeist
seine Brille leicht vereist?
Weißt du, daß der Wolkengeist
täglich Windgebäck verspeist?
Und vor allem: wie er heißt?

Cirruscumulusstratus Franz

Anzeigen aus der Gespensterzeitung

Frische Spinnweben
billig abzugeben!

* * *

Habe meinen Kopf verloren
(ziemlich abstehende Ohren).

* * *

Schlumbo wäscht gespensterweiß!
Und das zu einem Minipreis.

* * *

Wer vor punkt zwölf zu spuken beginnt,
der spinnt!

Hexerei

Die kleine Hexe Striezelzopf
hat unsern Fernseher verhext.
Ich drücke auf den Einschaltknopf.
Was les ich da im Teletext?

Auf Seite eins: Dignupfngnu,
plalapperapp und heuldiwu.
Auf Seite sieben: Holpergnock,
Ninasobem mal Schweißelsock.
Auf Seite fünfzehn: rabenkräh
werbeißtmirindengroßenzeh?
Auf Seite dreißig: Striezelzopf,
die Freundin von Herrn Ausschaltknopf.

Da ist es mir zu dumm gewesen.
Jetzt werd ich eine Sage lesen.

Ich wünsch mir einen Fahrradweg

Wunschzettellied

Ich wünsch mir einen Fahrradweg,
auf dem kein Auto fährt.
Ich wünsch mir, daß mein Flötenspiel
die Nachbarin nicht stört.
Ich wünsch mir einen Opapa,
der mit mir wandern geht.
Ich wünsch mir, daß am Wiesenrand
Bitte betreten! steht.
Ich wünsch mir einen kleinen Hund,
der flink ist und verspielt.
Ich wünsch mir einen guten Freund,
der mit mir Kirschen stiehlt.

Noch ein Wunschzettellied

Ich wünsch mir einen Flederwisch,
der hinterm Ofen kräht.
Ich wünsch mir einen Zuckerlbaum
und ein Bananenbeet.
Ich wünsch mir eine Geisterbahn
mit freundlichen Gespenstern.
Ich wünsch mir einen Bauernhof
mit eckigrunden Fenstern.
Ich wünsch mir einen bunten Schal,
lang wie ein Gartenschlauch.
Ich wünsch mir einen Pinguin
mit Tupfen auf dem Bauch.

Du auch?

Museum

Im allergrößten Saal, da steht
ein Saurierskelett,
zehn Meter lang, fünf Meter hoch —
so wie ich gern eins hätt'.

Ich bleib vor dem Gerippe stehn,
ich staune und ich schau.
Den Kopf, den Hals, den Schwanz, die Zeh'n
betrachte ich genau.

Als Papa längst schon weitergeht,
steh ich noch immer dort.
Er ruft mich: „Komm, es wird zu spät."
Ich antworte kein Wort.

Ach hätt' ich nur, ach fänd ich wo
ein Saurierskelett,
ich stellte es im Zimmer auf
und nähm es mit ins Bett!

Der Geburtstagswunsch

„Was wünschst du dir?" — Ich hätte
gern eine Fahrradkette.
Eine Kette und ein paar Speichen,
das würde mir schon reichen.
Aber wart mal, du!
Zwei Räder hätt' ich gern
zu den Speichen dazu,
zwei Räder mit Schläuchen und Reifen,
damit sie ordentlich greifen.
Und einen Sattel mit Lederbezug;
damit hätt' ich fast schon genug.
Nur — eine Stange zum Läuten und Lenken,
an die müßte man auch noch denken.
Und natürlich einen Rahmen!
Und natürlich zwei Pedale!

Willst du mir das alles schenken?

Der Inspektor auf dem Ringelspiel

Auf einem Kinderringelspiel
saß ein Inspektor in Zivil.
Er saß auf einem dicken Schwein
und schaute sehr bekümmert drein.
Da fuhr die schnelle Feuerwehr
hinter dem plumpen Schweinchen her
und konnte es nicht überholen!
Hatte ihr jemand den Motor gestohlen?
Auch die Rakete war nicht schneller
als das Flugzeug mit Propeller.
Der weiße Schwan fuhr immer leer,
das Motorboot überfüllt hinterher,
und zwei Kinder rauften grad
um einen Platz am Steuerrad ...
Auf einem Kinderringelspiel
saß ein Inspektor in Zivil.
Er saß auf einem dicken Schwein
und schaute höchst bekümmert drein.

Die Leseratte und die Spinne
für David

Seit sieben Stunden sitzt ein Mann
im Schatten unter einem Baum.
Man hört ihn rascheln dann und wann,
aber sonst hört man ihn kaum.
Er liest in einem dicken Buch.
Da bekommt der Mann Besuch.

Eine Spinne schwebt heran,
die doch gar nicht fliegen kann!
Im Aufblicken erkennt der Mann:
Sie hängt an einem Faden dran,
der bis zu seiner Nase reicht,
fast unsichtbar und spinnwebleicht.

Der Mann sagt zu seinem Besuch:
„Ich hänge auch – an meinem Buch!"

In Stamm- und Gästebücher

Morgens, nachmittags und abends,
ich sag's immer wieder:
Paß auf deinen Schatten auf!
Dauernd fällt er nieder!

Zum Kastanienkerzenlöschen
braucht man viel Geduld.
Wer Bananenschalen sammelt,
der ist selber schuld.

Kraule deinem Lieblingsbuch
öfter mal den Rücken!
Du kannst sicher sein, es knistert
wohlig vor Entzücken.

Jeder, der dich etwas kennt,
wird sicherlich verstehn:
Es war sehr schön, dein Gast zu sein.
Noch schöner ist's zu gehn.

Vier Kalendersprüche

Kräht der Traktor auf dem Mist,
weiß man, daß es Frühling ist.

* * *

Der März macht, was er will.
Doch schiebt er dies dem April
in die Schuhe.
So hat er selber Ruhe!

* * *

Wenn's im Freibad stürmt und schneit,
ist der Schnupfen nicht mehr weit.

* * *

Bei Regen schneit es meistens nicht,
bei Schnee gibt's selten Regen.
Wenn du darunter leidest, Freund,
dann tu etwas dagegen!

Zahnputzregeln

Merke dir: zum Zähneputzen
niemals Schuhpasta benutzen!

Zähne mit den Borsten putzen —
umgekehrt wird's nicht viel nutzen.

Bei Zahnweh hilft es, wenn du weißt,
daß der Zahnarzt selten beißt!

Zum Geburtstag

Vor ... Jahren bist du geboren,
heut zieh ich sanft an deinen Ohren
und flüstere zärtlich hinein:
Nächstes Jahr bist du nicht mehr so klein!

Dem Opa zur Pensionierung

Ich wünsch dir in der Pension
mehr Zeit für deinen Enkelsohn.

Kleine Sprachlehre

Du sagst:
„Die Suppe ist ein Gedicht."
Du sagst:
„Ihr neues Kleid ist ein Gedicht."
Du schwärmst:
„Der Urlaub war ein Gedicht!"

Du kommst in mein Zimmer
und sagst:
„Was liest du?
Ach, nur ein Gedicht."

Katzen-Alphabet

A B C
die Katz trinkt nie Kaffee
D E F
sie schreckt sich vor Gekläff
G H I
doch vor Miauen nie
J K L
beim Fressen ist sie schnell
M N O
dann geht sie auf ihr Klo
P Q R
sie ist ihr eigner Herr
S T U
und hört nur selten zu
V W X
macht niemals einen Knicks
Y Z
und schläft bei mir im Bett

Das kurze Tunell

Der Zug fährt durchs Tunell.
Er bremst nicht, er bleibt schnell.
Das Dunkel flitzt vorbei.
Ich zähle 1 — 2 — 3.

Vorüber das Tunell!
Jetzt ist es wieder hell.

Gleis zwei

Gestern kam eine Karte.
Heut steh ich am Bahnhof
und warte.
Ich seh die Schienen
in der Sonne glänzen.

Ich seh die Signale,
die den Bahnhof begrenzen.
Ich seh den Bahnhofsvorstand
mit seiner roten Mütze.
Die Sonne brennt,
ich freu mich — und ich schwitze.
Von fern erkenne ich die Lok,
erst spielzeugklein,
dann kommt sie näher, wird größer,
die Waggons hinterdrein.
Ich höre die Bremsen,
der Zug steht ganz still.
Die Lautsprecherstimme
klingt blechern und schrill.
Jetzt öffnen sich die Türen,
jetzt bin ich gespannt,
jetzt seh ich den Opa,
jetzt heb ich die Hand.
Hallo!

Der Schrankenwärter

Der Wecker rasselt.
Der Schrankenwärter wird munter.
Er läuft aus dem Haus
und läßt den Schranken herunter.
Der Schranken ist zu.
Zweieinhalb Minuten Ruh.
Dann kommt der Zug dahergebraust
und ist auch schon davongesaust.
Der Schrankenwärter
kurbelt den Schranken hoch,
da hört er einen Klingelton.
Das Telefon!
Ein Sonderzug
in drei Minuten?
Ich soll mich sputen?
Der Schrankenwärter
kurbelt den Schranken herab.
Der Sonderzug
ist nur eine Lok,
ganz langsam surrt sie vorbei.
Der Schrankenwärter atmet auf.
Jetzt hat er acht Minuten frei!

Die Frau vom Schrankenwärter
heißt Berta.
Sie tritt aus dem Haus und schreit:
„Du hast noch genau
7 Minuten und 53 Sekunden Zeit —
komm schnell frühstücken!"

Ampeldrama

Hoffentlich habe ich grün!
dachte der Autofahrer,
der von links kam.

Hoffentlich habe ich grün!
dachte der Autofahrer,
der von rechts kam.

Aber beide hatten sie rot,
und ganz langsam
ging ein Fußgänger über die Straße.

Müllgedicht

Viel zuviel
werfen wir weg —
Becher und Flaschen,
Dosen und Taschen,
Kleider und Tücher,
Spielsachen, Bücher ...

Wir denken:
Die Müllabfuhr ist noch immer gekommen
und hat den Abfall mitgenommen.

Man könnte vieles reparieren —
wir lassen es zum Müllplatz führen.

Der Müllplatz ist schon übervoll.
Die Müllabfuhr weiß nicht mehr,
wo sie hinfahren soll!

Das Kabelversteck

Der Bagger mit den großen Zähnen
hat die Wiese aufgerissen
und die Wege aufgebissen.
Jetzt steht er still und muß gähnen.

Da kommen Männer mit einer Kabelrolle.
Der Baggerführer zeigt auf den Graben,
und die Männer, die die Rolle getragen haben,
spulen das Kabel langsam ab
und legen es in den Graben hinein –
wie in ein Grab!

Dann schüttet der Bagger
die Wiese wieder zu.
Nanu!

Fernsehen

Nachrichten.
Liebesgeschichten.
Sport.
Ein Krimi mit Mord.
Wetterbericht.
Programmübersicht.
Schlagerparade.
Werbung für Schokolade.
Bombenkrieg.
Volksmusik.

Kurz vor zwölf
schalte ich aus.
Plötzlich
ist's ungewohnt still im Haus.

Schneckenpostamt

Eilzustellung

Ein Postkänguruh in Australien
sprang über eine Hecke.
Es landete in den Dahlien,
gleich neben einer Schnecke.

Dann war es mit einem Satz beim Haus
und läutete alle Bewohner heraus.
„Die Post, liebe Herren und Damen",
begann es im Beutel zu kramen.

Und jeder Bewohner (es war'n genau sieben)
bekam einen Brief, in dem stand geschrieben:
„Ein Postkänguruh in Australien
sprang über eine Hecke.
Es landete in den Dahlien …"

Die Leute lesen immer noch,
während die Schnecke weiterkroch.

Schneckenpost

Am Schneckenpostamt
in unserem Garten
muß man auf Briefe
lange warten.

Doch heute hat mir der Amtsvorstand
größere Eile versprochen:
Ein Brief vom Haus bis zum Apfelbaum
dauert jetzt nur noch fünf Wochen!

Paketpost

Heut hab ich ein Paket bekommen,
ein großes, fest verschnürt.
Gespannt hab ich es entgegengenommen:
Es war wirklich an mich adressiert!

Ich setz mich hin, zerschneid die Schnur,
zerreiß das Packpapier.
Da denk ich mir, was ist das nur:
Ein zweites Paket liegt vor mir.

Ich heb das kleinere Päckchen hoch,
ich schüttel es, halt es ans Ohr.
Dann mach ich's auf. Ich dacht mir's doch:
Ein drittes Paket kommt hervor.

Was wird im dritten drinnen sein?
Ein winziges Paket.
Da bin ich sicher. Ich schau rein:
Es ist mit Stoff umnäht.

Der ist aus Samt, mit roter Schrift:
„Nur ganz allein für dich".

Er riecht nach Mamas Lippenstift,
ich freu mich fürchterlich.

Ich mach es voller Vorsicht auf
und mach die Augen zu
und greife mit den Fingern drauf:
Ist es ein Känguruh?

Es ist ein kleines Känguruh
— aus Ton, glasiert, ganz glatt —,
das sie in ihrem Bastelkurs
für mich getöpfert hat!

Das Telegramm

„Ich möcht ein Telegramm aufgeben",
sagt Tilo Tiger zum Postmann.

„Rampenlicht und Lampenschein
stop

heute wird Premiere sein
stop
hoffentlich (das wäre toll)
wird das Zirkuszelt ganz voll
stop
ich hab furchtbar viel trainiert
daß die Show erfolgreich wird
stop
schöne Grüße bitte sehr
auch von Xaver dem Dompteur
von der Riesenschlange Moni
dem Schimpansenmännchen Toni
von den Zirkusmusikanten
von den dicken Elefanten
von der weißen Tanzmaus Mini
vom Direktor Zabarini
auch von Ottokar dem Clown
und von mir
    stop
      Wiederschaun"

Der Postmann sagt zu Tilo:
„Das ist kein Telegramm –
das ist ein Tele*kilo!*"

Die Karte

Diese Karte kommt von mir.
Eine Frage schreib ich dir:
Wollen wir beim Popcornessen
unsern alten Streit vergessen?

Die Brieftaube

Ein Brief ohne Marke
und ohne Kuvert –
er hing am Fuß einer Taube
und war nicht schwer.

> Wo bist du?
> Ich bin hier.
> Hör mal zu:
> Komm zu mir!

Der Brief war kurz
und rätselhaft.
Den Absender finden?
Ich hab's nicht geschafft.

Bin zu Peter gelaufen,
den Brief in der Hand,
da kam er mir auch schon
entgegengerannt,

in der Hand einen Brief,
den hielt er mir hin
und sagte: „Da, lies das,
es gibt keinen Sinn."

    Wo bist du?
    Ich bin hier.
    Hör mal zu:
    Komm zu mir!

Zwei verwunderte Freunde,
so standen wir da.
Und vom Dach der Gartenlaube
lachte eine Taube.

Urlaubsgrüße

Aus Sankt Anton, wo wir weilen,
schreiben wir Dir diese Zeilen.
Der Schnee ist gut, die Sonne hell,
und das Runterfahrn geht schnell.
Gäb es weder Schi noch Schnee,
tränken wir halt Jagertee.

***

Gruß von mir und meiner Frau
aus dem großen Autostau.

Ein Neujahrsgruß

Meist beginnt das neue Jahr
zunächst einmal mit Januar.
Daß es auch heuer ähnlich sei,
wünsch ich Dir aus der Türkei.

Schneckenpostamt

Am Schalter Nummer eins
sitzt Amtsrat Schnirkel Heinz.
Er kratzt sich hinterm Ohr
und steht dem Postamt vor.

Am Schalter Nummer zwei
liegt ein gespitzter Blei.
Frau Schleim ist nur kurz fortgelaufen,
um sich grünen Salat zu kaufen.

Am dritten Schalter dann
bedient ein Nacktschneckmann.
Wenn er Sondermarken hat,
drängt sich hier die ganze Stadt.

Am Schalter Nummer vier
trinkt Schnecke August Bier.
Sonst nimmt er Telegramme an,
weil er so eilig schreiben kann.

Am Schalter Nummer fünf,
gehüllt in dicke Strümpf',
genau gesagt in einen nur,
friert Schnecke Li aus Singapur.

Am sechsten Schalter dann
bedient ein Hausschneckmann.
Er tut, als ob er schliefe
und stempelt Luftpostbriefe.

Am Schalter Nummer sieben
steht riesengroß geschrieben:
„Ich bin nicht da, ich bin schon weg
und komme morgen. Hanna Schneck."

Am Schalter Nummer acht
telefoniert und lacht
ganz vorwitzig und keck
ein junger Posthornschneck.

Am neunten Schalter dann
bedient ein Sumpfschneckmann.
Wenn du was zu bezahlen hast,
dann bei ihm — wenn er dich läßt!

Am Schalter Nummer zehn
blickt aus dem schönsten Haus,
das ich jemals gesehn,
die Schnecke Ann heraus.

Die Flaschenpost

Ich schreib auf einen Zettel
das Wort *Gnadizadu*
und steck's in eine Flasche
und mach den Korken zu.

Dann werf ich meine Flaschenpost
ganz heimlich in den Bach.
Sie schwimmt davon, von West nach Ost,
ich schau ihr lange nach.

Am Abend bin ich aufgeregt
und kann nicht ruhig liegen.
Ob wer die Post gefunden hat?
Und – werd ich Antwort kriegen?

Machen wir Frieden

Machen wir Frieden

Machen wir Frieden,
fort mit dem Streit!
Machen wir Frieden,
hier und heut.

Machen wir Frieden,
fort mit dem Krieg!
Frieden ist schöner
als ein Sieg.

Machen wir Frieden,
in Norden und Süden,
Osten und Westen.
Das ist am besten!

Versöhnung

Gestern haben wir gestritten.
Heute möchte ich dich bitten,
daß du nicht mehr böse bist
und den blöden Streit vergißt.
Lieber Fritz, sei wieder froh!
Spielen wir jetzt Domino?

Liebeslied mit zwei Strophen

„Im Park steht eine Bank,
die Bank ist nicht sehr lang,
die Bank ist nicht sehr breit,
wir sitzen hier zu zweit
und freuen uns
und freuen uns
über die kleine Bank,

denn so kommen wir uns näher
und so küssen wir uns eher
als wenn die Bank viel länger wär,
viel größer wär,
viel breiter wär",
   singt er.

„Im Park steht eine Bank,
die Bank ist nicht sehr lang,
die Bank ist nicht sehr breit,
wir sitzen hier zu zweit
und freuen uns
und freuen uns
über die kleine Bank,
denn so kommen wir uns näher
und so küssen wir uns eher,
denn wenn die Bank viel länger wär,
viel größer wär,
viel breiter wär,
so küßten wir uns nie!"
   singt sie.

Der Ausflug

Das Kind im Rollstuhl fährt durch den Zoo.
Das Kind im Rollstuhl freut sich so.
Es sieht die Zebras und Giraffen,
die Elefanten und die Affen,
allen Tieren winkt es zu,
dem Panther und dem Känguruh,
dem Büffel und dem Kakadu,
dem Nilpferdbaby und dem Gnu.
Das Kind im Rollstuhl fährt durch den Zoo.
Das Kind im Rollstuhl freut sich so.
Es hat vergessen, wer es schiebt.
Es weiß nur, daß es die Tiere liebt.
Weinen könnte es vor Glück.
— Bald muß es ins Heim zurück.

Uroma

Ihr Gesicht ist alt und schmal.
Ihre Füße sind krank.
Sie sitzt im Garten auf einer Bank
und strickt einen Schal.

Ihre Haare sind weiß, ihre Augen sind hell.
Ihre Stricknadeln klappern schnell.
Nur die Hände bewegen sich,
sonst ist sie ruhig, ruhig wie ich.

Ich sitze im Gras und schaue sie an.
Daß man so schnell stricken kann!
„So schnell stricken kannst nur du",
sag ich zu ihr. Sie lächelt mir zu.

Ihr Gesicht ist alt und schmal.
Ihre Füße sind krank.
Sie sitzt im Garten auf einer Bank
und strickt mir einen bunten Schal.

Hausordnung

Die Kinder dürfen das Gras nicht betreten.
Der Hausmeister muß das Unkraut jäten.

Die Autos dürfen am Parkplatz stehen.
Die Kinder müssen auf den Betonplatz gehen.

Dort dürfen sie nur leise schreien.
Am besten, sie gehen in Zweierreihen.

Die Kinder dürfen das Gras nicht betreten.
Ich träum von zwei eigenen Blumenbeeten.

Die Baumeister

Kommt, wir bauen uns ein Haus
mit einem Garten.
Erst bauen wir das Haus —
der Garten kann noch warten.
Oder wir bauen gleich ein größeres Haus
und lassen den Garten einfach aus.
Wir bauen uns ein Riesenhaus
und schaun bei 100 Fenstern raus
und lachen, tanzen, trinken Bier.
Niemand hat ein Haus wie wir!

Bis einer von uns, etwas verschreckt,
vom Fenster aus ein Häuschen entdeckt,
verfallen und alt, aber mitten im Grün,
und seufzt: „Dorthin möchte ich ziehn!"

Die Siedlung

Im Wohnblock Nummer eins
wohnt im Parterre der Heinz.
Im allerletzten Block
wohnt Klaus im fünften Stock.

Manchmal seh ich den Heinz,
manchmal seh ich den Klaus
über die Wege rennen.
Aber nie gemeinsam.
Weil sie sich gar nicht kennen.

Ein Indianer erzählt

Wir leben in Zelten
wie Vögel in Nestern.
Alle Pflanzen
sind unsere Schwestern.
Alle Tiere
sind unsere Brüder.
Der Vater – die Sonne –
schaut auf uns nieder.

Ja, auch die Steine
sind mit uns gut bekannt.
Ja, auch ein Käfer
ist mit uns verwandt.
Der Wolf, der heult,
singt uns ein Lied,
während Großmutter Mond
über den Himmel zieht.

Garten

Ich sitze im Gras und schweige.
Der Himmel ist blau wie das Meer.
Der Wind bewegt die Zweige,
sie schwingen leicht, hin und her.

Ich bin nicht allein, denn ich sehe
den Wind, der im Kirschgeäst schaukelt,
den Schmetterling, der in der Nähe
ganz langsam vorübergaukelt.

Ich höre die Amseln und Stare.
Ich sehe die Käfer im Kraut.
Der Wind bewegt meine Haare,
die Sonne berührt meine Haut.

Bessere Welt

Wer von einer besseren Welt träumt,
sieht unsere Welt mit anderen Augen.

Wer von einer besseren Welt träumt,
merkt, daß viele Dinge nichts taugen.

Wer von einer besseren Welt träumt,
weiß, daß es Reichtum gibt ohne Geld.

Wer von einer besseren Welt träumt,
bereitet sie mit vor, die bessere Welt.

Wer weiß die Antwort?

Wer weiß die Antwort?

Macht man Pudelmützen aus Pudeln?
Wo sind im Dudelsack die Dudeln?
Wohnen im Fahrradschloß Gespenster?
Haben Schneckenhäuser Fenster?
Kann ein Blumentopf überkochen?
Wo ist der Neujahrstag in zwei Wochen?
Wann fängt die Türangel einen Fisch?
Wo sind die Knie von den Beinen vom Tisch?
Was ist, wenn Ziegen Zwillinge kriegen?
Können Fliegengitter fliegen?
Warum sagst du, Spinnen sind widerlich?
Wenn der Pudding zittert, wovor fürchtet er sich?
Wie heißen die Jungen von Grubenhunden?
Wer hat das Fragen erfunden?

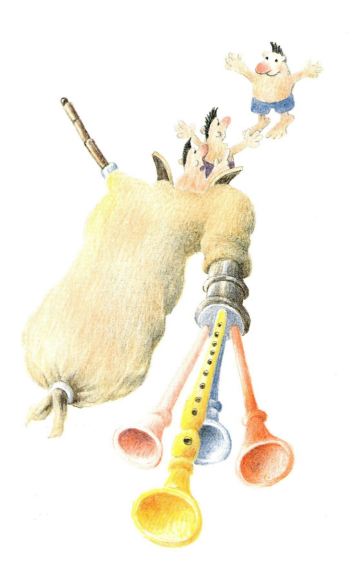

RätselRätselRätsel

Drei Augen hat sie,
dafür keinen Mund.
Drei Farben hat sie,
deutlich zu sehn.
Bei Rot bleib stehn!

* * *

Er hat kurze krumme Beine,
geht an einer langen Leine
(meistens brav auf allen vieren)
und führt einen Mann spazieren.

* * *

Sie wächst vorm Haus im grünen Rasen
und am Hinterteil des Hasen!

* * *

Einmal schmal,
dann wieder breiter,
trägt er Schiffe
wie ein Pferd seinen Reiter.

Es kennt viele Nummern,
es weiß viele Namen
von Herren und Damen.
Es ist dick und schwer
und wird nicht sehr alt —
weißt du's schon bald?

***

Bei leichtem Wind
flattert sie.
Bei starkem Wind
knattert sie.

***

Er kann trommeln, rauschen und klopfen,
trippeln, tröpfeln und tropfen.
Er kennt die Bäume und macht sie naß
und allen Dächern erzählt er was.

***

Es hat Eselsohren,
ist aber nicht als Tier geboren.

Jeden Tag frißt er viel.
Jeden Abend ist er leer.
Und was in seinem gelben Bauch war,
freut viele Leute sehr.

***

Es blinkt
und stinkt.

***

Sie hat vier Ecken
und rundherum Zähne
und manchmal ein Gesicht
und manchmal nicht.

***

Ihre vielen kleinen Blätter
flimmern und flirren und spielen im Wind.
Ihr Stamm ist mit weißer Rinde bekleidet,
daran erkennt sie jedes Kind.

Es trägt einen Sattel,
hat Zügel und Zaum,
läßt Äpfel fallen
und ist kein Baum.

***

Sie wächst nicht im Gras,
sie blüht nur auf Glas.

***

Gleichmäßig und elegant,
von Pistenrand zu Pistenrand
zieht er seine Spur.
Wer ist das nur?

***

Im Mund hast sie du,
doch hat's auch der Schuh.

***

Leuchtet im Laub
jeden August,
blau und reif —
hast du's gewußt?

Jedes Jahr ein schöner Fund:
vom Baum gehüpft,
aus dem Stachelpelz geschlüpft,
glänzend, glatt und rund.

***

Es hat viele Blätter,
doch ist es kein Strauch.
Es hat einen Rücken,
doch hat's keinen Bauch.

Lösungen

Ampel
Dackel
Blume
Fluß
Telefonbuch
Fahne
Regen
Schulheft
Postkasten
Auto, das abbiegen will
Briefmarke
Birke
Pferd
Eisblume
Schifahrer
Zunge
Zwetschke
Kastanie
Buch

Zu Seite 109:
Oh*ren*
verl*oren*
Hasenl*and*
f*and*
Kü*mmel*
Mü*mmel*, mü*mmel*

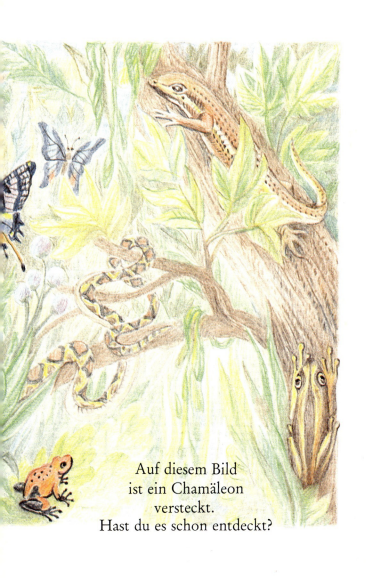

Auf diesem Bild
ist ein Chamäleon
versteckt.
Hast du es schon entdeckt?

Eine bunte Brücke – für Eltern und Menschen, die Kinder mögen

Im Grunde glaube ich, daß ein Buch wie Georg Bydlinskis „Bunte Brücke" kein Nachwort braucht – so sehr spricht es in seiner Ursprünglichkeit und Unbefangenheit erwachsene wie kindliche Leser an. Es verlockt, in die Gedichte und in sich selber hineinzuhorchen, hellhörig zu werden für die Sprache und die eigene Kindheit oder die der Kinder neu zu entdecken. Aber es mag sein, daß junge oder alte Menschen, zukünftige Eltern oder solche mit wenig Freizeit ganz froh sind, wenn die bunte Brücke, die ihnen der Autor gebaut hat, an manchen Stellen verstärkt wird – etwa mit Hinweisen darauf, daß Lesen *mehr* ist als Lesen, daß Vorsprechen nicht nur zum Nach- und Mitsprechen, sondern zum Mitgestalten, Spielen, Weiterspinnen von Gedanken, Worten, Versen und Reimen auffordern kann. Georg Bydlinski ist so sehr Kind geblieben – trotz einiger Bände voll Ernst und Engagement für Erwachsene –, daß er aus der Mitte kindlichen Erlebens denkt, fühlt und spricht – etwa vom Sandkistenland, von der Buchstabensuppe, vom Aufräumen oder vom Grimassenschneiden. Er braucht sich nicht hinunterzubeugen zu den Kleinen, weil er selber zu ihnen gehört, weil er sich zurückverwandeln kann in ein Kind von drei oder fünf Jahren. Und seine unkonventionellen „Muttertagsstrophen" braucht ein Kind nicht auswendig zu lernen, weil sie ihm einfach einfallen.

Unkonventionell sind auch seine Auszählreime: sie schließen niemanden aus, sie diskriminieren nicht, sie scherzen einfach und bieten neue Erlebnisreize. Und erst die Familiengedichte: da leidet die Mutter nicht unter der Doppelbelastung von Heim und Büro, da seufzt der Vater nicht unter seiner Hausmannrolle (er teilt sie ja mit dem Kind!) – und als alle wieder beisammen sind, sind sie „vergnügt, weil wir uns haben!" Das ist nicht Verniedlichung eines Problems, sondern seine Bewältigung, das Lernen eines neuen Miteinander.

Bydlinski wäre nicht der nachdenkliche, meditative und dabei engagierte Lyriker, wenn nicht, wie in seinen Texten für Erwachsene, auch in den Kindergedichten seine Liebe zu allen Geschöpfen, seine „Ehrfurcht vor dem Leben" (A. Schweitzer) zu Wort käme. Es ist eine einfache, fast franziskanische Weltfrömmigkeit, die sich in Gedichten wie „Sonnenaufgang", „Was ich sehe, wenn ich gehe", „Tiere" u.a. ausspricht. Hier mag die Wahlverwandtschaft zu indianischem Leben und Denken entstanden sein, die dann zu schönen und genauen Übertragungen indianischer Texte geführt hat. Und die kindliche Phantasie kommt ebenso zu ihrem Recht: in seiner Vorliebe für Post und Eisenbahn, für reale und erdachte Tiere, für magische Verwandlung des einen ins andere, in Lügenmärchen, Rätseln und Scherzgedichten („Zaubersprüche für eine Zwiderwurzen" u.a.); sie enthüllen eine Fähigkeit zur Sprachmagie, die Kindern ursprünglich eigen ist, die aber allzuoft verschüttet wird. Auch diese Fähigkeit gilt es in Kindern und Eltern neu zu erwecken. Nicht nur die beliebten Reimspiele, auch der Umgang mit Metaphern („Kleine Sprachlehre") und mit Wortmontagen („Zwiebufant") gehören dazu. Die Einfachheit von Wortwahl und Satzbau erinnert dabei an japanische Haikus, noch mehr aber an indianische Spruchweisheit. Genau diese Pointierung und Treffsicherheit in Rhythmik, Melodik und Wortwahl vermag auch Kleinkinder in ihrer noch schöpferischen Phase der Sprachgestaltung fühlig zu machen für die Möglichkeiten kreativen Sprechens und Singens, das ja mit dem „kreativen Singsang" im zweiten Lebensjahr beginnt und bei sprachschöpferischen Menschen nie endet.

Gelingt es Kindern und Erwachsenen, auf diese Weise nicht nur ihre Lebenswelt, sondern auch „die Sprache" gemeinsam zu „bewohnen" (ein Buchtitel Bydlinskis), dann vermögen sie die ursprüngliche Einheit der Sprache der Kleinen und der Großen, wie sie der Autor hat, wiederherzustellen. Sie lernen dabei keinen anderen, aber den ganzen Bydlinski kennen.

Gertrud Paukner

Worterklärungen
für Leser, die nicht in Österreich wohnen

Amtsrat: Beamtentitel
Autodrom: Autoscooter-Bahn auf einem Jahrmarkt
Bahnhofsvorstand: Bahnhofsvorsteher
eh: ohnehin
grantig: schlecht gelaunt, mürrisch
halt: eben
Hausmeister: Hauswart
heuer: in diesem Jahr
Jagertee: „Jägertee" (heißer Tee mit Schnaps)
läuten: klingeln
Postkasten: Briefkasten
Rauchfangkehrer: Schornsteinfeger
Ringelspiel: Karussell
Schlapfen: Pantoffel(n)
Schranken: Bahnschranke
stad: ruhig, still
Striezel: geflochtenes Gebäck
Tunell: Tunnel
Windgebäck: Schaumgebäck
Zuckerl: Bonbon
Zwetschke: Pflaume
Zwiderwurzen: mürrischer Mensch

Verzeichnis der Gedichte

Abendlied *97*
Abendlied der Bärenmutter *80*
Allee im Herbst *70*
Am 30. Februar mit eigenen Augen gesehn *92*
Ampeldrama *131*
Anzeigen aus der Gespensterzeitung *111*
Apriltag *55*
Aufräumen *12*
Ausreden in der Schule *30*
Auszählreime *22*

Bei leichtem Wind *167*
Bessere Welt *162*

Chamäleon *173*

Das dicke Pony *59*
Das Kabelversteck *133*
Das Krötenlied *56*
Das kurze Tunell *128*
Das Märchen vom Karfunkelstein *40*
Das Rapsfeld *68*
Das Sandkistenland *10*
Das Telegramm *140*
Das Tierkonzert *106*
Dem Opa zur Pensionierung *125*
Der Ameisenbär *101*
Der arme Besitzer *46*
Der Ausflug *153*

Der Ball *9*
Der edelmütige Thron *36*
Der Elefant und der Bär *104*
Der Fund *56*
Der Geburtstagswunsch *117*
Der grasgrüne Drache *34*
Der habgierige König *36*
Der Inspektor auf dem Ringelspiel *118*
Der kleine Zahnwehbär *44*
Der Schrankenwärter *130*
Der sprechende Hund *45*
Der wasserscheue Bär *102*
Der Weltraumfahrer Willibald *90*
Der Wettlauf *19*
Der wilde Reiter *91*
Der Wind *60*
Der Zwiebufant *108*
Die Baumeister *156*
Die Bitte *18*
Die Brieftaube *142*
Die Dinge reden *94*
Die Flaschenpost *148*
Die frierende Maus *42*
Die Karte *142*
Die Krötenstraße *58*
Die Leseratte und die Spinne *120*
Die Puppe *11*
Die Schnecke auf dem Grashalm *53*
Die Siedlung *158*
Die Trauerweide *52*
Die zwei Pfauen *65*
Drei Augen hat sie *166*

Eilzustellung *136*
Ein Indianer erzählt *159*
Ein Kind singt auf dem Schulweg *32*
Ein Neujahrsgruß *144*
Einmal schmal, dann wieder breiter *166*
Er hat kurze krumme Beine *166*
Er kann trommeln, rauschen und klopfen *167*
Es blinkt *168*
Es hat Eselsohren *167*
Es hat viele Blätter *170*
Es kennt viele Nummern *167*
Es trägt einen Sattel *169*

Fernsehen *134*
Frühlingslärm *52*
Für Reimdetektive *109*

Garten *160*
Gerade war er noch da *64*
Gleichmäßig und elegant *169*
Gleis zwei *128*
Gute Nacht *77*
Guten Tag *8*

Hausordnung *155*
Herbst *70*
Heute und morgen *89*
Hexerei *112*
Hier fehlt noch was *109*
Hundegedicht *64*

Ihre vielen kleinen Blätter *168*

Im Advent *73*
Im Mund hast sie du *169*
Im Nilpferdkindergarten *20*
In Stamm- und Gästebücher *121*

Jeden Abend dasselbe *14*
Jeden Tag frißt er viel *168*
Jedes Jahr ein schöner Fund *170*

Kartenspielerweisheit *97*
Katzen-Alphabet *126*
Kleine Sprachlehre *125*
Kleine Wolkengeisterkunde *110*
Kleiner Bruder, großer Bruder *76*
Kleines Froschlied *62*
Krähen im Wind *72*
Küchenkonzert *23*
Kurzkrimi *97*

Leuchtet im Laub *169*
Liebe Mama *16*
Liebeslied mit zwei Strophen *151*
Lügengeschichte *93*

Machen wir Frieden *150*
Mahlzeit *54*
Ma(h)lzeit *96*
Märchen *35*
Mit dem Malkasten *8*
Mit einem Meisenring *74*
Mit geschlossenen Augen *78*
Müllgedicht *132*

Museum *116*
Muttertagsstrophen *17*

Nachdenken über die Welt *63*
Nachts beim offenen Fenster *84*
Nanu! *88*
Neue Berufe *96*
Noch ein Wunschzettellied *115*

Paketpost *139*

RätselRätselRätsel *166*
Rätsellösungen *171*

Sachunterricht *31*
Schlaflied *77*
Schneckenpost *138*
Schneckenpostamt *146*
Schneckentempo *98*
Sie hat vier Ecken *168*
Sie wächst nicht im Gras *169*
Sie wächst vorm Haus im grünen Rasen *166*
Sommer *66*
Sommersturm *25*
Sommertag *68*
Sonnenaufgang *48*
Spruch zum Schnellsprechen *99*

Tiere *51*
Tor! *91*

Urlaubsgrüße *144*

Uroma *154*

Versöhnung *151*
Vier Kalendersprüche *122*
Vollmond *81*
Vom Nachtwächter im Königspalast *38*
Vor dem Spiegel *25*

Was die Naschkatze sich wünscht *43*
Was ich sehe, wenn ich gehe *50*
Waschtag *102*
Wenn Mama ins Büro geht *26*
Wer sitzt wo bei Regenwetter? *86*
Wer weiß die Antwort? *164*
Wetterbericht *69*
Wind *62*
Winteranfang *72*
Winterschlaflied *80*
Wolkengedicht *54*
Wovon die Dinge abends träumen *81*
Wunschzettellied *114*
Wußtest du's schon? *82*

Zahnputzregeln *124*
Zauberspruch am Sonntagabend *99*
Zaubersprüche für eine Zwiderwurzen *28*
Zoo-Gedichte *100*
Zum Geburtstag *124*
Zwerg und Riese *39*